INGA PFANNEBECKER

AUFLÄUFE

FOTOGRAFIE: WOLFGANG SCHARDT, AUEN60 PHOTOGRAPHY

INHALT

Öffnen Sie die Klappen dieses Buches.
Dort finden Sie die wichtigsten Infos zum Thema auf einen Blick!

DAS PRINZIP:
AUFLAUF

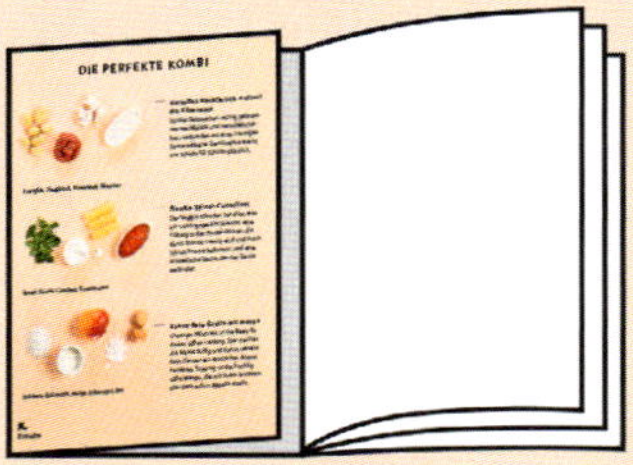

DIE PERFEKTE
KOMBI

Immer griffbereit:

SO GEHT'S:
FORM VORBEREITEN

Immer griffbereit:

SO SCHMELZEN
WIR DAHIN

GU CLOU

Wussten Sie schon, dass ...?
Entdecken Sie bei einigen ausgewählten Rezepten ganz besondere Tipps mit verblüffendem Insiderwissen. Aha-Momente garantiert!

Mit diesem Symbol sind alle vegetarischen Gerichte gekennzeichnet.

Die Backzeiten können je nach Herd variieren. Unsere Temperaturangaben beziehen sich auf das Backen im Elektroherd mit Ober- und Unterhitze.

Sammeln Ihrer Lieblingsrezepte mit der »GU Kochen Plus«-App (siehe S. 64)

REZEPTKAPITEL

INGA PFANNEBECKER

Aufläufe haben etwas Gemütliches, findet die Kochbuchautorin. Außerdem verbinden sie guten Geschmack mit Alltagstauglichkeit – das macht sie perfekt für die unkomplizierte Familienküche.

Warum bin ich ein Auflauf-Fan?

Die Ofen-Hits sind für mich echte Wohlfühl-Essen: Sie machen schon mit ihrem Duft Appetit auf mehr und sorgen für Gemütlichkeit, wenn sie dampfend in der Tischmitte stehen. Außerdem kann man mit Aufläufen ganz entspannt selbst größere Runden glücklich machen. Meist sind nur ein paar Handgriffe nötig, bis der Ofen übernimmt. Dann bleibt genug Zeit, um die Küche aufzuräumen, den Tisch zu decken oder noch einen Salat zu machen. Ich nutze Aufläufe außerdem auch gerne zur Resteverwertung. Denn mit ein paar anderen Zutaten entstehen aus den Nudeln vom Vortag, dem Rest Käse oder dem übrigen Bratenfleisch neue Lieblinge. Seien Sie also ruhig auch mit den Rezepten in diesem Buch kreativ und ersetzen Sie die ein oder andere Zutat durch das, was Sie noch im Vorrat oder vom Vortag übrig haben.

Lassen sich Aufläufe gut vorbereiten?

Ja, sie sind sogar echte Mealprep-Wunder! Die meisten Aufläufe lassen sich gut am Vortag oder morgens vorbereiten und einschichten. Dann warten sie abgedeckt im Kühlschrank, bis sie in den Ofen geschoben werden. Die Garzeit dann ca. 5 Minuten verlängern, weil die Zutaten noch kühlschrankkalt sind.

Was macht einen guten Auflauf aus?

Das Zusammenspiel der einzelnen Komponenten. Grundzutaten wie Nudeln oder Kartoffeln, Fleisch und Gemüse bilden die Basis. Dazu kommt die Sauce, die alles verbindet und dafür sorgt, dass der Auflauf schön saftig wird. Sie sollte immer gut gewürzt und gleichmäßig verteilt werden. Das i-Tüpfelchen ist dann die Kruste, z. B. aus Käse oder Semmelbröseln, die zart-schmelzend oder schön knusprig alles vollendet.

NUDELAUFLAUF MIT 5 ZUTATEN

300 g Penne in Salzwasser nach Packungsanweisung garen.

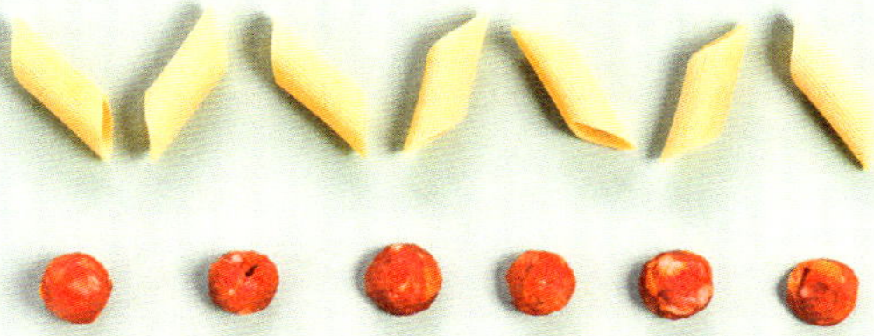

Brät von 4 Salsicce (je 100 g) aus den Pellen drücken, zu Bällchen rollen, in einer beschichteten Pfanne ca. 5 Min. anbraten.

450 g gegrillte Paprika (Glas) abgießen, abtropfen lassen ...

... salzen und pfeffern ...

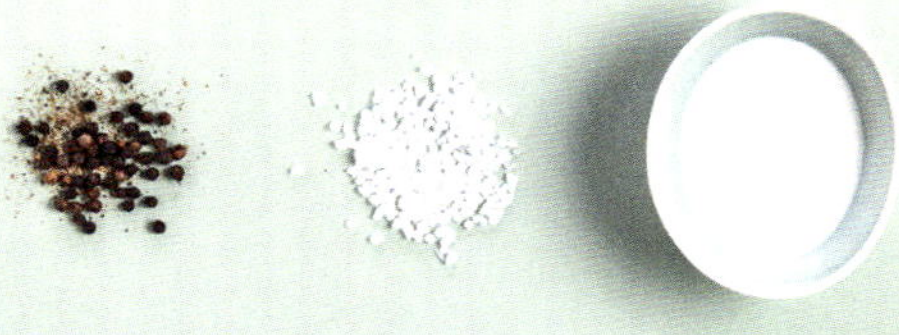

... mit 125 ml Sahne pürieren.

150 g Feta zerbröseln.

Penne mit Bällchen und Sauce in einer gefetteten Auflaufform mischen. Fetabrösel aufstreuen. Bei 200° (Mitte) ca. 25 Min. backen. Reicht für 4 Personen.

MIT FISCH, FLEISCH UND GEFLÜGEL

Für 4 Personen • 15 Min. Zubereitung • 40 Min. Backen • Pro Portion ca. 590 kcal, 29 g E, 29 g F, 51 g KH

NO-COOK-NUDELAUFLAUF

EINFACH

250 g Kirschtomaten
1 gelbe Paprikaschote
30 g schwarze Oliven ohne Stein
2 Dosen Thunfisch in Öl
(à 185 g Abtropfgewicht)
250 g Farfalle
400 ml Tomatensaft
100 g Sahne
1 gehäufter TL Salz
Pfeffer
1 TL getrockneter Oregano
125 g Mozzarella

1 Den Backofen auf 180° vorheizen. Die Tomaten waschen, trocken tupfen und halbieren.

2 Die Paprika halbieren, weiße Trennwände und Kerne entfernen, die Hälften waschen und klein würfeln. Die Oliven in Scheiben schneiden. Den Thunfisch abgießen und gut abtropfen lassen.

3 Alle vorbereiteten Zutaten mit den rohen Nudeln in eine flache Auflaufform (ca. 30 × 24 cm; 2,5 l Inhalt) füllen und gut mischen. Den Tomatensaft, die Sahne, 75 ml Wasser, Salz, Pfeffer und Oregano verrühren. Gleichmäßig über den Nudelmix gießen. Alle Nudeln müssen mit Flüssigkeit bedeckt sein, sonst bleiben sie trocken. Im heißen Ofen (Mitte) 20 Min. backen.

4 Inzwischen den Mozzarella abtropfen lassen und in Scheiben schneiden. Auflauf aus dem Ofen nehmen, alles einmal gut durchrühren, mit Mozzarella belegen und bei gleicher Temperatur weitere 20 Min. backen.

GU **CLOU**

Vorkochen unnötig – mit ausreichend Flüssigkeit und einer etwas längeren Backzeit können die Nudeln auch roh in die Auflaufform. So steht der Auflauf blitzschnell im Ofen und macht sich ganz von alleine.

Für 4 Personen • 30 Min. Zubereitung • 25 Min. Backen • Pro Portion ca. 540 kcal, 35 g E, 28 g F, 36 g KH

HÄHNCHEN-LAUCH-CRUMBLE

FÜR GÄSTE

FÜR DAS RAGOUT:

400 g Hähnchenbrustfilet
2 Stangen Lauch
20 g Butter
30 g Mehl
200 ml Apfelsaft
300 ml Milch
1 TL Senf
Salz, Pfeffer

FÜR DIE STREUSEL:

50 g Mehl
50 g Semmelbrösel
Salz
65 g kalte Butter
20 g gehackte Haselnusskerne
40 g geriebener Parmesan

RAGOUT: Das Hähnchenbrustfilet in ca. 2 cm große Würfel schneiden. Den Lauch putzen, gründlich waschen, längs halbieren und in schmale Scheiben schneiden. Die Butter in einer Pfanne erhitzen. Das Hähnchenbrustfilet darin unter Wenden ca. 5 Min. anbraten. Den Lauch dazugeben und weitere ca. 2 Min. braten. Mit Mehl bestäuben, kurz anschwitzen, dann mit Apfelsaft und Milch ablöschen. Alles aufkochen und ca. 10 Min. köcheln lassen.

STREUSEL: Inzwischen den Backofen auf 200° vorheizen. Das Mehl, die Semmelbrösel und etwas Salz mischen. Die Butter dazugeben und erst mit den Knethaken des Handrührgeräts, dann mit den Händen verkneten. Die Nüsse und den Parmesan unterkneten, sodass Streusel entstehen.

FERTIGSTELLEN: Den Senf unter das Ragout rühren. Mit Salz und Pfeffer würzen. Das Ragout in eine flache Auflaufform (ca. 30 × 24 cm; 2 l Inhalt) füllen und die Streusel darüberstreuen. Im heißen Ofen (Mitte) ca. 25 Min. backen, bis die Streusel goldbraun sind.

Für 4 Personen • 30 Min. Zubereitung • 25 Min. Backen • Pro Portion ca. 630 kcal, 47 g E, 23 g F, 57 g KH

GNOCCHI-AUFLAUF MIT HÄHNCHEN

SCHNELL

500 g Brokkoli
Salz
500 g Gnocchi (Kühlregal)
500 g Hähnchenbrustfilet
1 Zwiebel
1 Knoblauchzehe
1 EL Olivenöl
Pfeffer
1 EL Mehl
250 g passierte Tomaten
100 g Mascarpone
100 g geriebener Gratinkäse

1 Den Brokkoli in kleine Röschen teilen. In kochendem Salzwasser ca. 8 Min. garen. Nach 4 Min. Gnocchi dazugeben. Beides abgießen, ca. 50 ml Kochwasser auffangen.

2 Backofen auf 200° vorheizen. Die Hähnchenbrust in 2 cm große Würfel schneiden. Zwiebel und Knoblauch schälen und würfeln. Öl in einer Pfanne erhitzen, Fleisch darin ca. 4 Min. rundherum anbraten. Zwiebelwürfel und Knoblauch dazugeben, weitere 2–3 Min. braten. Mit Salz und Pfeffer würzen. Mit Mehl bestäuben, kurz anschwitzen. Tomaten und aufgefangenes Wasser angießen. Alles aufkochen und ca. 10 Min. köcheln lassen. Mascarpone unterrühren. Die Sauce mit Salz und Pfeffer würzen.

3 Die Gnocchi, die Brokkoliröschen und die Sauce in einer Auflaufform (ca. 30 × 24 cm; 2,5 l Inhalt) mischen. Mit Käse bestreuen und im heißen Ofen (Mitte) ca. 25 Min. backen.

Für 4 Personen • 35 Min. Zubereitung • 15 Min. Backen • Pro Portion ca. 590 kcal, 34 g E, 28 g F, 51 g KH

SÜSSKARTOFFEL-SHEPHERDS-PIE

GLUTENFREI

750 g Süßkartoffeln
250 g Kartoffeln
Salz
2 Möhren
100 g Sellerie
2 Zwiebeln
1 EL Öl
500 g Rinderhackfleisch
Pfeffer
1 Dose Tomaten (400 g)
2 EL Butter
½ TL Zimtpulver

1 Süßkartoffeln und Kartoffeln schälen, waschen, in Stücke schneiden und in Salzwasser in 20 Min. weich garen. Inzwischen Möhren und Sellerie putzen, schälen, waschen und klein würfeln. Zwiebeln schälen und würfeln.

2 Das Öl in einer Pfanne erhitzen, Hackfleisch darin krümelig anbraten. Zwiebeln und Gemüse dazugeben, weitere ca. 5 Min. braten. Mit Salz und Pfeffer würzen. Tomaten und 200 ml Wasser dazugeben, aufkochen und ca. 10 Min. dicklich einkochen lassen. Mit Salz und Pfeffer abschmecken. Backofen auf 200° vorheizen.

3 Die Kartoffeln abgießen und mit Butter, Zimt und Salz zu Püree stampfen. Das Ragout in eine Auflaufform (ca. 30 × 24 cm; 2,5 l Inhalt) füllen. Mit Püree bedecken. Mit einer Gabel Rillen in das Püree ziehen. Im heißen Ofen (Mitte) ca. 12 Min. backen. Backofengrill einschalten und 3 Min. gratinieren.

Für 4 Personen • 30 Min. Zubereitung • 1 Std. 15 Min. Schmoren • 40 Min. Backen • Pro Portion ca. 665 kcal, 45 g E, 32 g F, 50 g KH

WINTERLASAGNE MIT WIRSING

GUT VORZUBEREITEN

400 g Rindfleisch zum Schmoren
3 rote Zwiebeln
75 g Schinkenspeckwürfel
Salz, Pfeffer
2 EL Tomatenmark
1 kleiner Wirsing (ca. 800 g)
60 g Butter
40 g Mehl
450 ml Milch
150 g Lasagneplatten
100 g geriebener Bergkäse
Butter für die Form

1 Das Fleisch würfeln (ca. 1 × 1 cm). Die Zwiebeln schälen und fein würfeln. Den Speck in einem Schmortopf auslassen. Das Fleisch dazugeben und ca. 5 Min. kräftig anbraten. Die Zwiebeln dazugeben, kurz weiterbraten. Mit Salz und Pfeffer würzen. Das Tomatenmark einrühren, 250 ml Wasser angießen. Ragout zugedeckt ca. 1 Std. 15 Min. schmoren.

2 Inzwischen Wirsing putzen, waschen, vierteln und in Streifen vom Strunk schneiden. In 20 g Butter ca. 3 Min. andünsten. Zugedeckt weitere 5 Min. dünsten. Mit Salz und Pfeffer würzen.

3 Für die Sauce übrige Butter zerlassen. Das Mehl darin anschwitzen. Nach und nach die Milch einrühren. Die Sauce 10 Min. köcheln lassen. Mit Salz und Pfeffer würzen. Etwa ein Viertel der Sauce abnehmen. Den Wirsing unter die restliche Sauce mischen.

4 Den Backofen auf 200° vorheizen. Eine Auflaufform (ca. 22 × 25 cm; 2 l Inhalt) fetten, mit Lasagneplatten auslegen. Die Hälfte des Ragouts darauf verteilen, dann die Hälfte des Wirsings und etwas Käse darüberschichten. Eine Schicht Lasagneplatten darauflegen. Restliches Ragout und restlichen Wirsing darauf verteilen. Mit etwas Käse bestreuen und mit den restlichen Lasagneplatten bedecken. Übrige Sauce und Käse darauf verteilen. Die Lasagne im heißen Ofen (Mitte) 35–40 Min. backen.

Für 4 Personen • 1 Std. Zubereitung • 25 Min. Backen • Pro Portion ca. 545 kcal, 30 g E, 30 g F, 39 g KH

LACHS-SPARGEL-CRESPELLE

FRÜHLINGS-REZEPT

FÜR DIE PFANNKUCHEN:
3 Eier
150 g Mehl
125 ml Milch
Salz
125 ml Mineralwasser mit Kohlensäure
1 Bund Schnittlauch
2 EL Butter zum Braten

FÜR DIE FÜLLUNG:
750 g grüner Spargel
15 g Butter
15 g Mehl
125 ml Milch
125 ml Orangensaft
75 g Doppelrahm-Frischkäse
Pfeffer
300 g Räucherlachs in Scheiben

PFANNKUCHENTEIG: Die Eier mit dem Mehl, der Milch und etwas Salz verquirlen und 30 Min. quellen lassen.

FÜLLUNG: Inzwischen vom Spargel die holzigen Enden abschneiden. Die Stangen im unteren Drittel schälen, waschen und in kochendem Salzwasser ca. 10 Min. vorgaren. Kalt abschrecken und abtropfen lassen. Die Butter zerlassen. Das Mehl darin kurz anschwitzen. Die Milch und den Orangensaft einrühren. Die Sauce ca. 10 Min. köcheln lassen. Den Frischkäse unterrühren, mit Salz und Pfeffer würzen.

PFANNKUCHEN: Das Mineralwasser unter den Teig rühren. Den Schnittlauch waschen, trocken schütteln, in Röllchen schneiden und unter den Teig rühren. Etwas Butter in einer beschichteten kleinen Pfanne (ca. 16 cm ∅) erhitzen und aus dem Teig nach und nach ca. 10 Pfannkuchen backen. Dazu jeweils etwas Butter und dann Teig in die Pfanne geben, verteilen, 2–3 Min. backen, wenden und weitere ca. 2 Min. backen.

FERTIGSTELLEN: Den Backofen auf 200° vorheizen. Pfannkuchen mit je 1 Scheibe Lachs und 3–5 Spargelstangen belegen und aufrollen. Eine runde Auflaufform (ca. 26 cm ∅, ca. 5 cm hoch; 1,7 l Inhalt) am Boden fetten. Pfannkuchenrollen jeweils dritteln. Die Röllchen mit einer Schnittseite nach unten in die Auflaufform stellen. Die Sauce darübergießen. Im heißen Ofen (Mitte) 20–25 Min. backen.

Für 4 Personen • 45 Min. Zubereitung • 30 Min. Backen • Pro Portion ca. 705 kcal, 39 g E, 42 g F, 44 g KH

KARTOFFEL-HACKFLEISCH-AUFLAUF

GÜNSTIG

1 kg Kartoffeln
500 g Blumenkohl
1 Stange Lauch
1 EL Öl
400 g gemischtes Hackfleisch
Salz, Pfeffer
1 TL getrockneter Majoran
30 g Butter
30 g Mehl
500 ml Milch
100 g geriebener Emmentaler
Butter für die Form

1 Die Kartoffeln waschen und mit Schale in 20 Min. weich garen. Den Blumenkohl waschen, in kleine Röschen teilen und in wenig Wasser zugedeckt ca. 10 Min. dünsten. Inzwischen den Lauch putzen, gründlich waschen, längs halbieren und in schmale Streifen schneiden. Das Öl in einer Pfanne erhitzen und das Hackfleisch darin ca. 5 Min. krümelig anbraten. Den Lauch dazugeben und alles weitere 2–3 Min. braten. Mit Salz, Pfeffer und Majoran würzen.

2 Den Backofen auf 200° vorheizen. Den Blumenkohl fein pürieren. Für die Sauce die Butter zerlassen. Das Mehl darin anschwitzen. Die Milch einrühren. Die Sauce ca. 10 Min. köcheln lassen, dann die Hälfte des Käses dazugeben und in der Sauce schmelzen. Das Blumenkohlpüree einrühren. Mit Salz und Pfeffer abschmecken.

3 Eine Auflaufform (ca. 30 × 24 cm; 2,5 l Inhalt) einfetten. Die Kartoffeln abgießen, kalt abschrecken, pellen und in Scheiben schneiden. Den Boden der Form mit einer Lage Kartoffeln bedecken. Die Hälfte der Hackfleischmischung darauf verteilen. Etwa ein Drittel der Sauce daraufgeben. Eine Lage Kartoffelscheiben darüberschichten, übriges Hackfleisch, bis auf ca. 2 EL, darauf verteilen und die Hälfte der übrigen Sauce darauf verstreichen. Restliche Kartoffelscheiben dachziegelartig auf den Auflauf schichten. Übrige Sauce daraufklecksen, Hackfleisch darauf verteilen, mit übrigem Käse bestreuen. Im heißen Ofen (Mitte) ca. 30 Min. backen.

Für 4 Personen • 1 Std. Zubereitung • 25 Min. Backen • Pro Portion ca. 650 kcal, 23 g E, 44 g F, 40 g KH

GRÜNKOHLAUFLAUF MIT WURST

WINTER-REZEPT

3 Zwiebeln
40 g Butterschmalz
600 g küchenfertiger grob gehackter Grünkohl (frisch oder TK)
250 ml Gemüsebrühe
750 g Kartoffeln
250 g Krakauer
150 g Crème fraîche
2 EL körniger Senf
200 ml Milch
Salz, Pfeffer
3 EL Semmelbrösel
Fett für die Form

1 Die Zwiebeln schälen. 1 Zwiebel fein würfeln. 2 Zwiebeln in Ringe schneiden. 20 g Butterschmalz in einem Schmortopf erhitzen. Zwiebelwürfel darin andünsten. Kohl dazugeben, Brühe angießen und zugedeckt ca. 45 Min. schmoren.

2 Kartoffeln waschen und in 20 Min. weich garen. Krakauer pellen und in Scheiben schneiden. Crème fraîche, Senf, Milch, Salz und Pfeffer verrühren. Backofen auf 200° vorheizen. Zwiebelringe in Butterschmalz 10 Min. braten, 1 EL Semmelbrösel untermischen.

3 Kartoffeln abgießen, pellen, in Scheiben schneiden. Kohl salzen und pfeffern. Eine Auflaufform (ca. 30 × 24 cm; 3 l Inhalt) fetten, mit übrigen Semmelbröseln ausstreuen und mit Kartoffelscheiben belegen. Ein Drittel Kohl darauf verteilen, mit Wurst belegen. Ein Drittel Guss darübergießen. Übrige Zutaten einschichten. Im heißen Ofen (Mitte) 25 Min. backen. Nach 15 Min. Zwiebelringe aufstreuen.

Für 4 Personen • 30 Min. Zubereitung • 45 Min. Backen • Pro Portion ca. 460 kcal, 29 g E, 21 g F, 38 g KH

RISI-BISI-AUFLAUF MIT SCHINKEN

GUT VORZUBEREITEN

1 Zwiebel
1 EL Öl
150 g Risottoreis
700 ml Hühnerbrühe
200 g Kochschinken
½ Bund Petersilie
80 g Parmesan
200 g TK-Erbsen
Salz, Pfeffer
2 Eier
4 EL Crème fraîche
Öl für die Form

1 Die Zwiebel schälen, fein würfeln und im Öl andünsten. Den Reis dazugeben und kurz andünsten. Die Brühe angießen, aufkochen und das Risotto 20–25 Min. köcheln lassen. Dabei regelmäßig umrühren.

2 Inzwischen den Schinken würfeln. Die Petersilie waschen, trocken schütteln, die Blätter von den Stängeln zupfen und hacken. Parmesan fein reiben. Das Risotto vom Herd nehmen, Erbsen und Schinken unterrühren. Mit Salz und Pfeffer würzen.

3 Backofen auf 200° vorheizen. Eier trennen. Eiweiße steif schlagen. Eigelbe mit Crème fraîche und der Hälfte Parmesan unter das Risotto rühren. Eischnee unterheben. Masse in 4 ofenfeste gefettete Förmchen (à ca. 12 × 12 cm; 0,3 l Inhalt) füllen. Mit übrigem Parmesan bestreuen. Im heißen Ofen auf der 2. Schiene von unten ca. 45 Min. backen.

FILOTEIG-HACKFLEISCH-GRATIN

ORIENTALISCH

Für 4 Personen • 25 Min. Zubereitung • 25 Min. Backen • Pro Portion ca. 715 kcal, 36 g E, 46 g F, 38 g KH

1 Packung Filoteig (250 g; Kühlregal)
1 Zwiebel
1 Knoblauchzehe
3 Möhren
50 g getrocknete Soft-Aprikosen
5 Stängel Minze
500 g Lamm- oder Rinderhackfleisch
100 g stückige Tomaten (Dose)
2 EL Harissa
Salz, Pfeffer
150 g Hummus (Kühlregal)
Zitronensaft (nach Belieben)

1 Den Teig aus dem Kühlschrank nehmen und in der Verpackung ca. 10 Min. ruhen lassen. Inzwischen die Zwiebel schälen und fein hacken. Die Möhren putzen, schälen und in Würfel schneiden. Die Aprikosen klein würfeln. Die Minze waschen, trocken schütteln, die Blätter von den Stängeln streifen und hacken (Bild 1).

2 Das Hackfleisch in einer Pfanne ohne Fett krümelig anbraten. Die Zwiebelwürfel, den Knoblauch, die Aprikosen und die Möhren dazugeben und kurz weiterbraten. Die Tomaten und das Harissa unterrühren und ca. 5 Min. köcheln lassen, bis die Flüssigkeit fast verdampft ist. Mit Salz und Pfeffer würzen. Die Minze unterrühren (Bild 2).

3 Den Backofen auf 200° vorheizen. Hummus mit 75 ml Wasser zu einem glatten Guss rühren (Bild 3), mit Salz und Pfeffer würzen. Nach Belieben mit 2 TL Zitronensaft abschmecken.

4 Teig entrollen. Eine runde Auflaufform (ca. 24 cm ∅; 1,3 l Inhalt) mit zwei Teigblättern übereinander auslegen, Ränder dabei über den Formrand stehen lassen (Bild 4). Etwa ein Fünftel der Hackfleischmasse darauf verteilen (Bild 5). 2 EL Hummusguss darüberträufeln.

5 Mit zwei weiteren Teigblättern, Hackfleisch und Hummusguss belegen und auf diese Weise die übrigen Teigblätter, übriges Hackfleisch und Hummusguss einschichten. Mit Hackfleisch und Hummusguss enden. Überstehende Teigränder rundherum zur Mitte klappen, mit etwas Wasser bestreichen. Im heißen Ofen (Mitte) ca. 25 Min. backen (Bild 6).

Für 4 Personen • 45 Min. Zubereitung • 25 Min. Backen • Pro Portion ca. 450 kcal, 37 g E, 21 g F, 29 g KH

PANNFISCH-AUFLAUF

KLASSIKER

800 g festkochende Kartoffeln
2 Zwiebeln
2 EL Öl
Salz
600 g Seelachsfilets
Pfeffer
100 g Schlagsahne
100 ml Milch
5 TL körniger Dijon-Senf
3 Eier
1 Bund Dill
1 Bio-Zitrone

1 Die Kartoffeln waschen und in 20 Min. weich garen. Inzwischen die Zwiebeln schälen und in feine Ringe hobeln. Das Öl in einer beschichteten Pfanne erhitzen und die Zwiebeln darin ca. 10 Min. andünsten. Zum Schluss mit Salz würzen.

2 Die Kartoffeln abgießen, abschrecken und pellen. In ca. 1 cm dicke Scheiben schneiden. Die Fischfilets kalt abspülen und trocken tupfen, mit Salz und Pfeffer würzen und ebenfalls in ca. 1 cm dicke Scheiben schneiden.

3 Den Backofen auf 200° vorheizen. Für den Guss die Sahne mit der Milch, dem Senf und den Eiern verquirlen. Den Dill waschen, trocken schütteln, die Fähnchen von den Stängeln streifen und hacken. Die Zitrone heiß waschen, abtrocknen und die Schale fein abreiben. Beides unter den Guss rühren. Den Guss kräftig mit Salz und Pfeffer würzen.

4 Die Kartoffeln, den Fisch und die Zwiebeln dachziegelartig in eine Auflaufform (ca. 30 × 24 cm; 2,5 l Inhalt) schichten. Den Guss darübergießen. Im heißen Ofen (Mitte) ca. 20 Min. backen. Dann den Backofengrill einschalten und den Auflauf noch 5 Min. grillen. Übrige Zitrone heiß waschen, in Spalten schneiden und zum Auflauf servieren.

Für 4 Personen • 1 Std. Zubereitung • 20 Min. Backen • Pro Portion ca. 600 kcal, 49 g E, 28 g F, 37 g KH

GYROS-AUFLAUF

GUT VORZUBEREITEN

600 g Schweineschnitzel
1 Gemüsezwiebel
3 EL Gyros-Gewürzmischung
4 EL Öl
150 g Langkorn-Reis
5 Stängel Oregano
½ Spitzkohl
2 rote Spitzpaprika
Salz, Pfeffer
200 g griechischer Joghurt
200 g Schafskäse (Feta)

1 Die Schnitzel quer in Streifen schneiden. Die Zwiebel schälen und in feine Ringe schneiden. Gyros-Gewürz mit Öl verrühren. Schnitzelstreifen und Zwiebelringe untermischen, ca. 30 Min. ziehen lassen. Den Reis nach Packungsanweisung garen.

2 Oregano waschen und trocken schütteln. Blättchen abstreifen und hacken. Kohl waschen, putzen und in Streifen vom Strunk schneiden. Paprika halbieren, weiße Trennwände und Kerne entfernen, Hälften waschen und würfeln. Fleisch samt Zwiebeln ca. 5 Min. anbraten. Gemüse dazugeben, weitere 5 Min. braten. Oregano unterrühren, mit Salz und Pfeffer würzen. Reis abgießen.

3 Backofen auf 200° vorheizen. Joghurt mit 100 g Feta und Wasser pürieren, mit Salz und Pfeffer würzen. Reis und Gyros in einer Auflaufform (ca. 30 × 24 cm; 2,5 l Inhalt) mischen. Guss darübergießen, restlichen Feta darüberbröseln. Im Ofen (Mitte) ca. 20 Min. backen.

Für 4 Personen • 20 Min. Zubereitung • 15 Min. Backen • Pro Portion ca. 660 kcal, 34 g E, 36 g F, 50 g KH

EXPRESS-NUDELAUFLAUF

EINFACH

250 g Gabelspaghetti
Salz
250 g TK-Grüne Bohnen in Stücken
150 g Cabanossi
1 Bund Schnittlauch
150 g Bergkäse
100 ml Milch
120 g Schmand
2 Eier
Pfeffer
frisch geriebene Muskatnuss

1 Die Nudeln in einem großen Topf in Salzwasser nach Packungsanweisung garen. Ca. 3 Min. vor Ende der Garzeit die gefrorenen Bohnen dazugeben, Wasser erneut aufkochen und alles zu Ende garen.

2 Inzwischen den Backofen auf 200° vorheizen. Von der Cabanossi die Haut entfernen. Cabanossi längs halbieren und in schmale Scheiben schneiden. Den Schnittlauch waschen, trocken schütteln und in schmale Röllchen schneiden. Den Käse grob reiben. Für den Guss Milch, Schmand, Eier und die Hälfte des Käses verquirlen. Mit Salz, Pfeffer und Muskat kräftig würzen.

3 Den Nudel-Bohnen-Mix abgießen und gut abtropfen lassen. Mit Cabanossi und Schnittlauch in eine Auflaufform (ca. 28 × 18 cm, 2 l Inhalt) geben und gut durchmischen. Den Guss gleichmäßig darübergießen. Mit dem restlichen Käse bestreuen. Im heißen Ofen (Mitte) ca. 15 Min. backen.

Für 4 Personen • 30 Min. Zubereitung • 20 Min. Backen • Pro Portion ca. 615 kcal, 41 g E, 15 g F, 78 g KH

CHICKEN-ENCHILADAS

MEXIKANISCH

300 g Hähnchenbrustfilet
1 Zwiebel
1 EL Öl
¼ TL gemahlener Kreuzkümmel
3 EL Chipotles in Adobo (oder je nach gewünschter Schärfe etwas mehr oder weniger)
1 große Dose Tomaten (800 g)
1 Dose schwarze Bohnen (240 g Abtropfgewicht)
Salz, Pfeffer
8 kleine Tortilla-Wraps
3 EL Sauerrahm
100 g geriebener Käse (z. B. Emmentaler)

GUT ZU WISSEN
Chipotles in Adobo sind rauchig-scharfe Chipotle-Chilischoten, die in einer mit Essig gewürzten dicken Tomatensauce eingekocht werden. Ersatzweise je 1 TL geräuchertes Paprika- und Chilipulver mit 2 EL Tomatenmark und 1 TL mildem Essig mischen.

1 Die Hähnchenbrustfilets auf einen Dämpfeinsatz in einen mit wenig Wasser gefüllten Topf legen. Zugedeckt aufkochen lassen, dann 12–15 Min. dämpfen. Alternativ die Filets zugedeckt in einem Topf mit wenig Salzwasser garen.

2 Inzwischen die Zwiebel schälen und klein würfeln. Das Öl in einem Topf erhitzen und die Zwiebelwürfel darin andünsten. Den Kreuzkümmel dazugeben. Die Chipotles samt Sauce dazugeben und die Tomaten angießen. Alles aufkochen und ca. 10 Min. köcheln lassen. Die Bohnen abgießen, kalt abspülen, zur Sauce geben, mit Salz und Pfeffer würzen und 5 Min. dicklich einkochen lassen. Den Backofen auf 175° vorheizen.

3 Das Fleisch etwas abkühlen lassen, dann mit zwei Gabeln in schmale Streifen zupfen. Das Fleisch unter die Tomatensauce rühren. Sauce erneut abschmecken. Zwei Drittel der Hähnchen-Tomaten-Sauce auf die 8 Tortillawraps verteilen, aufrollen und in eine hohe Auflaufform (ca. 30 × 24 cm; 3 l Inhalt) legen. Erst übrige Sauce, dann Sauerrahm und Käse darüber verteilen. Im heißen Ofen (Mitte) ca. 20 Min. gratinieren.

VEGGIE-AUFLÄUFE

Für 4 Personen • 35 Min. Zubereitung • 20 Min. Backen • Pro Portion ca. 425 kcal, 24 g E, 12 g F, 55 g KH

CHILI-SIN-CARNE-AUFLAUF

BALLASTSTOFFREICH

1 Zwiebel
1 EL Öl
1 TL gemahlener Kreuzkümmel
1 EL Tomatenmark
150 g rote Linsen
1 Dose stückige Tomaten (400 g)
1 Dose Kidney-Bohnen (265 g Abtropfgewicht)
1 Dose Mais (240 g Abtropfgewicht)
75 g Gouda
Salz, Pfeffer
75 g Tortilla-Chips Natural

AUSSERDEM:

Rote Chiliringe zum Garnieren und Sour Cream zum Servieren (nach Belieben)

1 Für das Chili sin Carne die Zwiebel schälen und fein würfeln. Das Öl in einem weiten Topf erhitzen und die Zwiebelwürfel darin unter Rühren andünsten. Den Kreuzkümmel und das Tomatenmark dazugeben und kurz anrösten. Die Linsen dazugeben, die Tomaten und 400 ml Wasser angießen. Alles aufkochen und bei mittlerer Hitze ca. 10 Min. köcheln lassen. Dabei öfter umrühren.

2 Inzwischen die Bohnen in ein Sieb abgießen, kalt abspülen und abtropfen lassen. Den Mais abgießen und abtropfen lassen. Beides zum Chili geben und weitere ca. 5 Min. garen. Je nachdem, wie viel Wasser die Linsen aufsaugen, eventuell noch etwas Wasser dazugeben.

3 Den Backofen auf 200° vorheizen. Den Gouda grob reiben. Das Chili sin Carne mit Salz und Pfeffer würzen und in eine Auflaufform (ca. 30 × 24 cm; 2,5 l Inhalt) füllen. Die Tortilla-Chips so auf dem Auflauf verteilen, dass das Chili sin Carne komplett bedeckt ist. Die Chips mit dem Käse bestreuen. Im heißen Ofen (Mitte) ca. 20 Min. backen. Zum Servieren nach Belieben mit Chiliringen bestreuen und Sour Cream dazureichen.

RICOTTA-SPINAT-CANNELLONI

ITALIENISCH

Für 4 Personen • 40 Min. Zubereitung • 25 Min. Backen • Pro Portion ca. 875 kcal, 36 g E, 54 g F, 60 g KH

500 g junger Blattspinat
2 EL Olivenöl
1 Zwiebel
1 Dose stückige Tomaten (400 g)
Salz, Pfeffer
100 g Parmesan
250 g Ricotta
frisch geriebene Muskatnuss
16 Cannellonirollen
250 g Crème fraîche
125 g Mozzarella

AUSSERDEM:
Spritzbeutel mit großer Lochtülle

1 Den Spinat verlesen, waschen, abtropfen lassen und grob hacken. In einem weiten Topf 1 EL Öl erhitzen und den Spinat darin unter Wenden in 1–2 Min. zusammenfallen lassen (Bild 1). Den Spinat in ein Sieb geben, abkühlen lassen (Bild 2).

2 Inzwischen die Zwiebel schälen und fein würfeln. Übriges Öl in einem weiten Topf erhitzen und die Zwiebelwürfel darin andünsten. Die Tomaten dazugeben, mit Salz und Pfeffer würzen, aufkochen und ca. 10 Min. einkochen lassen.

3 Den Backofen auf 180° vorheizen. Den Parmesan reiben. Den Ricotta mit der Hälfte des Parmesans verrühren. Den Spinat sehr gut im Sieb ausdrücken, sodass möglichst viel Flüssigkeit austritt. Den Spinat unter die Ricottamasse mischen und mit Salz, Pfeffer und etwas Muskat kräftig würzen. Die Masse in einen Spritzbeutel mit großer Lochtülle füllen und gleichmäßig in die Cannellonirollen füllen (Bild 3).

4 Die Tomatensauce mit Salz und Pfeffer abschmecken und den Boden einer höheren Auflaufform (ca. 30 × 24 cm; 3 l Inhalt) mit etwas Sauce bestreichen. Die Nudeln erst nebeneinander (Bild 4), dann übereinander in eine Auflaufform legen. Die übrige Tomatensauce darübergießen. Die Crème fraîche mit dem restlichen Parmesan verrühren, salzen und über die Cannelloni geben (Bild 5). Den Mozzarella über dem Auflauf zerzupfen. Im heißen Ofen (Mitte) 20–25 Min. backen (Bild 6).

Für 4 Personen • 30 Min. Zubereitung • 40 Min. Backen • Pro Portion ca. 495 kcal, 18 g E, 31 g F, 25 g KH

PILZAUFLAUF MIT RÖSTIKRUSTE

HERBST-REZEPT

750 g gemischte Pilze (z. B. Champignons, Austernpilze und Shiitake)
1 kleiner Spitzkohl (ca. 700 g)
50 g getrocknete Tomaten in Öl
Salz, Pfeffer
200 ml trockener Weißwein
200 g Schlagsahne
500 g Kartoffeln
1 Ei
frisch geriebene Muskatnuss
1 Bund Petersilie
75 g geriebener Bergkäse

1 Die Pilze putzen und in mundgerechte Stücke oder Streifen schneiden. Den Kohl putzen, waschen, vierteln und in Streifen vom Strunk schneiden. Die Tomaten abtropfen lassen, dabei 2 EL Öl auffangen. Die Tomaten würfeln. Das Tomatenöl in einer großen beschichteten Pfanne erhitzen. Die Pilze darin unter Wenden ca. 5 Min. anbraten. Mit Salz und Pfeffer würzen. Den Kohl dazugeben und alles weitere ca. 5 Min. braten. Die Tomaten dazugeben. Den Wein und die Sahne angießen, aufkochen und alles ca. 10 Min. einkochen lassen.

2 Inzwischen den Backofen auf 200° vorheizen. Die Kartoffeln schälen, waschen und grob reiben. Das Ei untermischen, Masse mit Salz, Pfeffer und etwas Muskat würzen. Die Petersilie waschen und trocken schütteln. Die Blätter von den Stängeln zupfen und hacken.

3 Die Petersilie unter das Pilzragout mischen. Das Ragout mit Salz und Pfeffer abschmecken und in eine Auflaufform (ca. 30 × 24 cm; 2,5 l Inhalt) füllen. Mit der Röstimasse bedecken. Mit Käse bestreuen. Den Auflauf im heißen Ofen (Mitte) ca. 40 Min. backen.

Für 4 Personen •
20 Min. Zubereitung • 1 Std. Backen •
Pro Portion ca. 360 kcal, 7 g E, 23 g F, 31 g KH

KARTOFFEL-FENCHEL-GRATIN

GÜNSTIG

1 Knoblauchzehe • 1 EL Butter • 800 g festkochende Kartoffeln • 2 Knollen Fenchel • 200 ml Milch • 200 g Schlagsahne • Salz, Pfeffer • frisch geriebene Muskatnuss

1 Knoblauch schälen, halbieren. Eine runde Auflaufform (ca. 24 cm ∅; 1,3 l Inhalt) mit wenig Butter fetten und mit Knoblauch ausstreichen.

2 Backofen auf 200° vorheizen. Kartoffeln schälen und waschen, Fenchel waschen und putzen. Beides in sehr dünne Scheiben hobeln.

3 Kartoffel- und Fenchelscheiben abwechselnd dachziegelartig in mehreren Lagen in die Auflaufform schichten. Milch und Sahne verrühren und mit Salz, Pfeffer und Muskat kräftig würzen. Über das Gratin gießen. Übrige Butter in Flöckchen darauf verteilen. Im heißen Ofen (Mitte) 60 Min. backen. Am Ende mit Alufolie abdecken.

Für 4 Personen •
30 Min. Zubereitung • 40 Min. Backen •
Pro Portion ca. 535 kcal, 18 g E, 19 g F, 73 g KH

GEMÜSEAUFLAUF MIT COUSCOUSKRUSTE

VEGAN

100 g Cashewkerne • Saft und abgeriebene Schale von ½ Bio-Zitrone • 3 Möhren • 1 Stange Lauch • 2 Kohlrabi • 3 EL Öl • 1 EL + 100 g Mehl • 150 g TK-Erbsen • Salz, Pfeffer • 2 EL gehackte Petersilie • 175 g Couscous

1 Cashewkerne in 400 ml heißem Wasser 30 Min. einweichen. Mit Saft pürieren. Gemüse waschen, schälen, klein schneiden. In 1 EL Öl 5 Min. andünsten. Mit 1 EL Mehl bestäuben. Cashewsahne angießen. Aufkochen, Erbsen zugeben und 10 Min. köcheln. Mit Salz, Pfeffer, Zitronenschale und Petersilie würzen. In eine Auflaufform (ca. 30 × 24 cm; 2,5 l Inhalt) füllen.

2 Backofen auf 200° vorheizen. Couscous in 225 ml Wasser 5 Min. ziehen lassen. Mit 200 ml warmem Wasser, 100 g Mehl, 1 EL Öl, 1 TL Salz verrühren. Auf das Ragout streichen. Mit übrigem Öl beträufeln. 35–40 Min. backen.

Für 4 Personen •
40 Min. Zubereitung • 40 Min. Backen •
Pro Portion ca. 550 kcal, 26 g E, 36 g F, 30 g KH

VEGGIE-MOUSSAKA

AUS GRIECHENLAND

600 g festkochende Kartoffeln • 500 g Auberginen • Salz • 500 g Champignons • 2 Knoblauchzehen • 4 EL Olivenöl • Pfeffer • 2 TL getrockneter Oregano • 400 g stückige Tomaten • 2 Eier • 250 g Schafskäse (Feta) • 450 g griechischer Joghurt

1 Kartoffeln waschen und in 20 Min. gar kochen. Auberginen waschen, in Scheiben schneiden, salzen, ca. 30 Min. ziehen lassen. Pilze putzen, Knoblauch schälen. Beides im Blitzhacker zerkleinern und in 2 EL Öl 5 Min. anbraten. Mit Salz, Pfeffer und Oregano würzen. Mit Tomaten und 100 ml Wasser 10 Min. kochen.

2 Auberginen trocken tupfen. In 2 EL Öl pro Seite 2–3 Min. braten. Ofen auf 180° vorheizen. Kartoffeln in Scheiben schneiden. Zutaten in eine Auflaufform (ca. 30 × 24 cm; 3 l Inhalt) schichten. Eier, Feta und Joghurt pürieren, salzen und pfeffern, darübergießen. Auflauf 40 Min. backen.

Für 4 Personen •
25 Min. Zubereitung • 1 Std. 15 Min. Backen •
Pro Portion ca. 250 kcal, 8 g E, 20 g F, 9 g KH

RATATOUILLE-AUFLAUF

SOMMER-REZEPT

1 Gemüsezwiebel • 2 Knoblauchzehen • 6 EL Olivenöl • 5 Zweige Thymian • 1 EL Tomatenmark • Salz, Pfeffer • 1 Aubergine • 1 große Zucchini • 4 Tomaten • 1 gelbe Paprika • 100 g Schafskäse (Feta)

1 Zwiebel und Knoblauch schälen und hacken. Beides in 1 EL Öl andünsten. Thymian waschen, Blättchen abstreifen und mit Tomatenmark einrühren, salzen und pfeffern. Masse in eine runde Auflaufform (ca. 24 cm ∅; 1,3 l Inhalt) füllen.

2 Backofen auf 200° vorheizen. Gemüse waschen, trocken reiben, putzen und in schmale Scheiben oder Ringe (Paprika) schneiden. Gemüse abwechselnd dachziegelartig in die Form schichten, salzen und pfeffern. Mit 5 EL Öl beträufeln. Form mit Alufolie verschließen. Auflauf 1 Std. backen. Folie entfernen. Feta über den Auflauf bröseln, weitere ca. 15 Min. backen.

Für 4 Personen • 30 Min. Zubereitung • 40 Min. Backen • Pro Portion ca. 375 kcal, 22 g E, 26 g F, 13 g KH

ZUCCHINI ALLA PARMIGIANA

ITALIENISCH

1 Zwiebel
2 Knoblauchzehen
4 EL Olivenöl
1 große (800 g) und 1 kleine (400 g) Dose stückige Tomaten
Salz, Pfeffer
2 Eier
600 g Zucchini
1 Bund Basilikum
3 Stängel Minze
125 g Mozzarella
80 g frisch geriebener Parmesan
Basilikum- und Minzeblättchen zum Bestreuen (nach Belieben)

1 Zwiebel und Knoblauch schälen und fein würfeln. 1 EL Öl in einer Pfanne erhitzen und beides darin andünsten. Tomaten dazugeben, aufkochen und ca. 10 Min. einkochen lassen. Mit Salz und Pfeffer kräftig würzen.

2 Die Eier in 10 Min. hart kochen, kalt abschrecken. Zucchini putzen, waschen und längs in ca. ½ cm dicke Scheiben schneiden. In 3 EL Öl portionsweise auf jeder Seite ca. 2 Min. kräftig anbraten. Auf Küchenpapier entfetten.

3 Backofen auf 200° vorheizen. Die Kräuter waschen und trocken schütteln. Die Blättchen abzupfen und fein hacken. Die Kräuter unter die Sauce rühren, abschmecken. Die Eier pellen und in Scheiben schneiden. Mozzarella in dünne Scheiben schneiden. Den Boden einer Auflaufform (ca. 30 × 24 cm; 3 l Inhalt) mit Tomatensauce bestreichen. Zucchini, Eier, Sauce, Mozzarella und Parmesan nach und nach einschichten. Mit Sauce und Parmesan abschließen. Im heißen Ofen (Mitte) ca. 40 Min. backen. Nach Belieben mit Kräutern bestreuen.

Für 12 Stück • 25 Min. Zubereitung • 25 Min. Backen • Pro Portion ca. 560 kcal, 25 g E, 28 g F, 53 g KH

GRÜNE MAC'N'CHEESE-GRATINS

FÜR KINDER

250 g kurze Makkaroni
Salz
250 g TK-Blattspinat (portionierbar)
250 g Milch
3 TL Butter
3 TL Mehl
150 g geriebener Gratinkäse
Pfeffer
1 Ei
2 TL grünes Pesto (Glas)
3 EL gehackte Walnüsse

AUSSERDEM:
12er-Muffinform
Fett für die Form

1 Die Nudeln nach Packungsanweisung in Salzwasser garen. Spinat im Topf oder in der Mikrowelle auftauen, mit der Milch pürieren.

2 Die Butter in einem Topf zerlassen, das Mehl darin anschwitzen. Die Spinat-Milch mit dem Schneebesen in die Mehlbutter rühren, aufkochen und unter Rühren ca. 10 Min. köcheln lassen. Am Ende drei Viertel des Käses dazugeben und in der Sauce schmelzen lassen. Mit Salz und Pfeffer würzen, in eine Rührschüssel umfüllen und etwas abkühlen lassen. Ei und Pesto unterrühren.

3 Backofen auf 200° vorheizen. Die 12 Mulden einer Muffinform (à ca. 150 ml Inhalt) einfetten. Nudeln abgießen, abtropfen lassen und unter die Sauce mischen. In die Muffinmulden füllen. Nüsse mit übrigem Käse mischen, auf die Gratins streuen. Im heißen Ofen auf der 2. Schiene von unten ca. 25 Min. backen. Ca. 5 Min. in der Form abkühlen lassen, dann aus den Mulden lösen.

Für 4 Personen • 25 Min. Zubereitung • 40 Min. Backen • Pro Portion ca. 385 kcal, 17 g E, 12 g F, 58 g KH

KÜRBIS-BOHNEN-AUFLAUF

HERBST-REZEPT

1 Hokkaido-Kürbis (ca. 1 kg)
1 Zwiebel
½ Bund Thymian
3 Stängel Salbei
1 EL Olivenöl
Salz, Pfeffer
250 ml Gemüsebrühe
1 Dose weiße Bohnen (250 g Abtropfgewicht)
150 g Ciabatta vom Vortag
100 g geriebener Bergkäse
Thymian zum Bestreuen (nach Belieben)

1 Kürbis waschen, halbieren und entkernen. Kürbis samt Schale würfeln (ca. 3 × 3 cm). Zwiebel schälen und würfeln. Kräuter waschen und trocken schütteln. Blättchen von den Stängeln streifen, Salbei in Streifen schneiden. Das Öl in einer Pfanne erhitzen und die Zwiebelwürfel darin andünsten. Kürbis und Kräuter dazugeben und unter Rühren ca. 5 Min. andünsten. Die Brühe angießen und alles zugedeckt 10–15 Min. schmoren.

2 Backofen auf 200° vorheizen. Bohnen abgießen, kalt abspülen und gut abtropfen lassen. Unter den Kürbis mischen und alles in eine Auflaufform (ca. 30 × 24 cm; 2,5 l Inhalt) geben.

3 Ciabatta würfeln und auf dem Auflauf verteilen. Mit Käse bestreuen. Form mit Alufolie abdecken. Im heißen Ofen (Mitte) ca. 40 Min. garen. Ca. 10 Min. vor Garzeitende die Folie entfernen und den Auflauf zu Ende backen. Nach Belieben mit Thymian bestreuen.

Für 4 Personen • 45 Min. Zubereitung • 30 Min. Backen • Pro Portion ca. 510 kcal, 28 g E, 25 g F, 44 g KH

POLENTA-CAPRESE-AUFLAUF

GLUTENFREI

75 g Parmesan
500 ml Milch
Salz
175 g Instant-Polenta
300 g Zucchini
350 g Tomaten
2 Kugeln Mozzarella (à 125 g)
1 EL Olivenöl
Pfeffer
½ Bund Basilikum
Öl für die Form

TIPP
Parmesan in der Polenta sorgt nicht nur für einen würzigen Geschmack, sondern verleiht der Masse auch Festigkeit. So lässt sie sich nach dem Abkühlen prima in stabile Scheiben schneiden.

1 Den Parmesan fein reiben. 400 ml Wasser mit der Milch und 1 TL Salz aufkochen. Polenta einstreuen und bei kleiner Hitze unter Rühren ca. 2 Min. köcheln lassen. Parmesan unterrühren. Die Polenta vom Herd nehmen, zugedeckt 3–4 Min. quellen lassen, dann in eine gefettete Auflaufform (ca. 20 × 28 cm; 2 l Inhalt) streichen und ca. 30 Min. abkühlen lassen.

2 Inzwischen die Zucchini waschen, putzen und längs in schmale Scheiben schneiden. Die Tomaten waschen und in schmale Scheiben schneiden. Den Mozzarella abtropfen lassen und in schmale Scheiben schneiden. Das Öl in einer großen beschichteten Pfanne erhitzen. Die Zucchinischeiben darin portionsweise pro Seite 2–3 Min. anbraten. Mit Salz und Pfeffer würzen. Basilikum waschen, trocken schütteln und von den Stängeln zupfen.

3 Den Backofen auf 200° vorheizen. Die Polenta aus der Form auf ein Brett stürzen und in ca. 2 cm breite Scheiben schneiden. Die Form säubern, abtrocknen und einfetten. Polenta, Zucchini, Tomaten, Basilikum und Mozzarella dicht an dicht dachziegelartig einschichten. Den Auflauf im heißen Ofen (Mitte) ca. 30 Min. backen. Nach Belieben mit Basilikumblättchen bestreut servieren.

Für 4 Personen • 20 Min. Zubereitung • 10 Min. Backen • Pro Portion ca. 795 kcal, 37 g E, 38 g F, 73 g KH

TORTELLINI-PILZ-AUFLAUF

SCHNELL

750 g Tortellini mit Käsefüllung (Kühlregal)
Salz
500 g Champignons
4 Frühlingszwiebeln
1 Knoblauchzehe
30 g Butter
Pfeffer
75 g Parmesan
1 Dose Mais (240 g Abtropfgewicht)
200 g Kochsahne (15 %)
10 Stängel Petersilie
1 EL Pinienkerne
Butter für die Form

1 Die Tortellini in Salzwasser nach Packungsanweisung knapp garen. Inzwischen Pilze putzen und klein schneiden. Frühlingszwiebeln putzen, waschen und in feine Ringe schneiden. Knoblauch schälen und fein würfeln. Pilze in Butter in einer beschichteten Pfanne ca. 5 Min. kräftig anbraten. Frühlingszwiebeln und Knoblauch dazugeben, kurz mitbraten. Mit Salz und Pfeffer würzen.

2 Backofen auf 200° vorheizen. Tortellini abgießen, abtropfen lassen und in eine gefettete Auflaufform (ca. 30 × 24 cm; 2,5 l Inhalt) geben. Pilzmischung dazugeben und untermischen.

3 Parmesan fein reiben. Mais abgießen, mit Sahne pürieren. Petersilie waschen, trocken schütteln und fein hacken. Zwei Drittel des Parmesans und Petersilie unterrühren. Sauce mit Salz und Pfeffer würzen, unter die Tortellini mischen. Mit übrigem Parmesan und Pinienkernen bestreuen und im heißen Ofen ca. 10 Min. überbacken.

Für 4 Personen • 25 Min. Zubereitung • 20 Min. Backen • Pro Portion ca. 700 kcal, 31 g E, 30 g F, 75 g KH

NUDELNESTER MIT SPIEGELEI

EINFACH

400 g Spaghetti
Salz
500 g Mangold
1 kleine Zwiebel
1 Knoblauchzehe
2 EL Öl
Pfeffer
200 g Gorgonzola
100 ml Milch
frisch geriebene Muskatnuss
4 Eier
Fett für die Förmchen

1 Nudeln nach Packungsanweisung in Salzwasser garen. Inzwischen Mangold waschen, putzen und die harten Stiele herausschneiden. Die Blätter grob hacken, die Stiele in Stücke schneiden. Zwiebel und Knoblauch schälen und fein würfeln.

2 Zwiebelwürfel im Öl andünsten. Knoblauch und Mangoldstiele dazugeben und ca. 2 Min. dünsten. Mangoldblätter dazugeben und ca. 5 Min. dünsten. Mit Salz und Pfeffer würzen.

3 Backofen auf 175° vorheizen. Nudeln abgießen, abtropfen lassen und mit Mangold mischen. In vier ofenfeste gefettete Förmchen (à ca. 12 × 2 cm; 0,3 l Inhalt) verteilen. Gorgonzola mit Milch pürieren und mit Salz, Pfeffer und Muskat würzen. Über die Nudeln gießen. In die Mitte der Nudeln je eine kleine Kuhle drücken. Je ein Ei hineinschlagen, Eiweiß leicht salzen. Im heißen Ofen (Mitte) 15–20 Min. backen, bis das Ei gestockt ist.

SÜSSE AUFLÄUFE

Für 4 Personen • 25 Min. Zubereitung • 45 Min. Backen • Pro Portion ca. 710 kcal, 21 g E, 45 g F, 54 g KH

OREO-CHEESECAKE-AUFLAUF

FÜR GÄSTE

4 Eier
1 Prise Salz
1 Spritzer Saft und abgeriebene Schale von 1 Bio-Zitrone
80 g weiche Butter
75 g Puderzucker
400 g Magerquark
100 g Doppelrahm-Frischkäse
50 g Speisestärke
75 g Oreo-Kekse
300 g TK-Beerenmix
Butter für die Form

1 Den Backofen auf 180° vorheizen. Die Eier trennen. Die Eiweiße mit Salz und Zitronensaft steif schlagen. Die Butter mit dem Puderzucker und der Zitronenschale mit den Quirlen des Handrührgeräts cremig rühren. Die Eigelbe einzeln dazugeben und gut unterrühren. Nacheinander Quark, Frischkäse und Stärke unterrühren. Den Eischnee in 3 Portionen unterheben.

2 Die Kekse in einen Gefrierbeuel geben und mithilfe einer Teigrolle zerbröseln. Die Brösel vorsichtig unter die Cheesecake-Masse heben. Die Masse in eine gefettete Auflaufform (ca. 28 × 18 cm; 2 l Inhalt) füllen. Die gefrorenen Beeren darauf verteilen. Den Auflauf im heißen Ofen (Mitte) 40–45 Min. backen, eventuell am Ende abdecken. Lauwarm oder kalt servieren.

TAUSCH-TIPP

Statt der Beeren schmecken auch andere Früchte, z. B. tiefgekühlte entsteinte Kirschen, Aprikosen oder Pfirsiche aus der Dose oder auch frische Orangenfilets.

Für 4 Personen •
20 Min. Zubereitung • 50 Min. Backen •
Pro Portion ca. 585 kcal, 23 g E, 28 g F, 59 g KH

GRIESSAUFLAUF

HERBST-REZEPT

2 Äpfel • 2 TL Zitronensaft • 75 g Marzipan-Rohmasse • 500 ml Milch • Salz • 120 g Weichweizen-Grieß • 2 Eier • 50 g Zucker • 250 g Magerquark • 50 g Preiselbeeren (aus dem Glas) • 50 g Mandelblättchen

1 Äpfel waschen, schälen, entkernen, würfeln. Mit Zitronensaft beträufeln. Marzipan raspeln. Backofen auf 200° vorheizen. Milch mit Salz aufkochen. Grieß einrühren, 1 Min. köcheln lassen, vom Herd nehmen. 5 Min. quellen lassen. Eier trennen. Eiweiße steif schlagen. Eigelbe mit Zucker 5 Min. hell-cremig aufschlagen. Marzipan und Quark unterrühren. Grießbrei löffelweise dazugeben und unterrühren. Eischnee und Apfelwürfel unterheben.

2 Masse in Auflaufform (ca. 28 × 18 cm; 2 l Inhalt) füllen. Preiselbeeren daraufklecksen. 50 Min. backen. Nach 25 Min. Mandeln aufstreuen.

Für 4 Personen •
25 Min. Zubereitung • 45 Min. Backen •
Pro Portion ca. 500 kcal, 16 g E, 24 g F, 54 g KH

MANDELCLAFOUTIS

AUS FRANKREICH

500 g Sommerpflaumen • 100 g Zucker • 4 Eier • Salz • Mark von 1 Vanilleschote • 75 g Mehl • 50 g gemahlene Mandeln • ½ TL Zimtpulver • 200 ml Milch • 2 EL Mandelblättchen • Puderzucker • Fett für die Form

1 Backofen auf 175° vorheizen. Eine runde Auflaufform (ca. 28 cm ∅; ca. 2 l Inhalt) fetten. Pflaumen waschen, entsteinen und mit den Schnittflächen nach oben in die Form legen. Mit 1 EL Zucker bestreuen.

2 Eier trennen. Eiweiße mit 50 g Zucker und Salz steif schlagen. Eigelbe mit Vanille und übrigem Zucker cremig rühren. Mehl, Mandeln und Zimt mischen. Milch und Mehl unter den Teig rühren. Eischnee unterheben, über die Pflaumen gießen. Clafoutis 40–45 Min. backen. Nach 20 Min. Mandelblättchen aufstreuen. Mit Puderzucker servieren.

Für 4 Personen •
40 Min. Zubereitung • 25 Min. Backen •
Pro Portion ca. 575 kcal, 19 g E, 35 g F, 45 g KH

KOKOS-REIS-GRATIN

EXOTISCH

1 Dose Kokosmilch (400 g) • 200 ml Milch • 1 Prise Salz • 125 g Milchreis • 50 g Zucker • 1 Mango • ½ Granatapfel • 3 Eier • 200 g Magerquark • 3 TL Kokos-Chips • Fett für die Form

1 Kokosmilch, Milch und Salz aufkochen. Milchreis einstreuen und bei kleiner Hitze unter Rühren ca. 25 Min. garen. Zucker unterrühren.

2 Backofen auf 200° vorheizen. Mango vom Stein schneiden, schälen und große Stücke in schmale Spalten schneiden. Kleine Stücke würfeln. Kerne aus dem Granatapfel lösen.

3 Eier, Quark und Mangowürfel unter den Milchreis rühren. Masse in eine gefettete Auflaufform (ca. 28 × 18 cm; 2 l Inhalt) füllen. Mit Mango und Granatapfelkernen belegen. Auf der 2. Schiene von unten 25 Min. backen. Nach 15 Min. mit Kokos-Chips bestreuen.

Für 4 Personen •
20 Min. Zubereitung • 30 Min. Backen •
Pro Portion ca. 420 kcal, 14 g E, 20 g F, 44 g KH

PORRIDGEGRATIN

ZUM FRÜHSTÜCK

160 g blütenzarte Haferflocken • 40 g Kokosraspel • 1 TL Backpulver • Salz • 1 große Mango • 200 g TK-Beerenmix • 400 ml Milch • 2 Eier • Mark von 1 Vanilleschote • 2 EL Ahornsirup • 4 TL Butter

1 Haferflocken mit Kokosraspeln, Backpulver und 1 Prise Salz vermischen. Backofen auf 175° vorheizen. Mango vom Stein schneiden, schälen und würfeln. Die Hälfte der Haferflockenmischung in eine flache Auflaufform (ca. 15 × 25 cm; 1,2 l Inhalt) füllen und andrücken. Mangowürfel und gefrorene Beeren gleichmäßig darauf verteilen. Übrige Haferflockenmischung darüberstreuen.

2 Für den Guss Milch mit Eiern, Vanillemark und Ahornsirup gut verquirlen. Gleichmäßig über das Gratin gießen. Butter in Flöckchen darauf verteilen. Im heißen Ofen (Mitte) ca. 30 Min. backen.

Für 4 Personen • 25 Min. Zubereitung • 30 Min. Backen • Pro Portion ca. 510 kcal, 19 g E, 22 g F, 53 g KH

SÜSSE LASAGNE MIT APRIKOSEN

SOMMER-REZEPT

1 Päckchen Sahnepuddingpulver (für 500 ml Milch; zum Kochen)
300 ml Milch
40 g Zucker
2 EL Mohn
500 g reife Aprikosen (ersatzweise 1 große Dose Aprikosenhälften)
30 g Amarettinikekse
1 EL Butter
250 g Magerquark
2 Eier
6 Lasagneplatten
Fett für die Form
Puderzucker (nach Belieben)

1 Puddingpulver mit 50 ml Milch glatt rühren. Übrige Milch mit Zucker und Mohn aufkochen. Angerührtes Puddingpulver mit einem Schneebesen einrühren, unter Rühren erneut aufkochen und ca. 1 Min. köcheln lassen. In eine Rührschüssel füllen und lauwarm abkühlen lassen.

2 Backofen auf 180° vorheizen. Aprikosen waschen, halbieren und entsteinen bzw. Aprikosen aus der Dose abgießen und gut abtropfen lassen. Kekse zerbröseln und mithilfe einer Gabel mit 1 EL Butter verkneten.

3 Auflaufform (ca. 25 × 15 cm; 1,2 l Inhalt) fetten. Quark und Eier unter den Pudding rühren. Formboden mit Lasagneplatten auslegen. Etwas Creme darauf verteilen, mit Aprikosen belegen. Wieder mit Lasagneplatten, Creme und Aprikosen belegen. Zutaten auf diese Weise einschichten, mit Creme und Aprikosen enden. Im heißen Ofen (Mitte) 25–30 Min. backen. Ca. 10 Min. vor Ende der Garzeit mit Keks-Bröseln bestreuen. Nach Belieben mit Puderzucker bestäubt servieren.

Für 4 Personen • 20 Min. Zubereitung • 25 Min. Backen • Pro Portion ca. 480 kcal, 7 g E, 29 g F, 47 g KH

BROMBEER-BIRNEN-CRUMBLE

GUT VORZUBEREITEN

2 Birnen
100 g Butter
200 g Brombeeren
125 g Dinkelmehl
50 g gemahlene Mandeln
75 g Zucker
1 TL Zimtpulver
½ TL Ingwerpulver
frisch geriebene Muskatnuss
Salz
Butter für die Form

1 Backofen auf 200° vorheizen. Birnen waschen, schälen, vierteln, entkernen und in schmale Spalten schneiden. Butter zerlassen. Eine flache Auflaufform (ca. 25 × 15 cm; 1,2 l Inhalt) am Boden mit etwas Butter einpinseln. Birnenspalten nebeneinander in die Form legen. Brombeeren waschen, trocken tupfen und darauf verteilen.

2 Für die Streusel Mehl mit Mandeln, Zucker, Zimt- und Ingwerpulver, 1 Prise Muskat und Salz in einer Rührschüssel mischen. Butter dazugeben und erst mit den Knethaken des Handrührgeräts, dann mit den Händen zu Streuseln verkneten.

3 Streusel gleichmäßig auf dem Obst verteilen. Crumble im heißen Ofen (Mitte) ca. 25 Min. backen. Lauwarm servieren. Dazu schmeckt Vanilleeis, Vanillequark oder Schlagsahne.

Für 4 Personen • 20 Min. Zubereitung • 25 Min. Backen • Pro Portion ca. 610 kcal, 11 g E, 40 g F, 52 g KH

SCHOKO-BANANEN-AUFLAUF

FÜR KINDER

100 g Zartbitter-Schokolade
100 g Butter
50 g Mehl
1 EL Kakaopulver
½ TL Backpulver
3 Eier
75 g Zucker
Mark von 1 Vanilleschote
2 große Bananen
50 g weiche Karamellbonbons
Fett für die Form

1 Schokolade hacken und mit der Butter über einem warmen Wasserbad schmelzen. Abkühlen lassen.

2 Backofen auf 180° vorheizen. Mehl mit Kakao- und Backpulver mischen. Eier trennen. Eiweiße steif schlagen, dabei die Hälfte des Zuckers einrieseln lassen. Eigelbe mit Vanillemark und übrigem Zucker ca. 5 Min. hell-cremig aufschlagen. Schoko-Butter langsam einlaufen lassen und unterrühren. Mehlmischung dazugeben und kurz unterrühren. Eiweiß in 2 Portionen dazugeben und unterheben.

3 Masse in eine gefettete Auflaufform (ca. 28 × 18 cm; 2 l Inhalt) geben. Bananen schälen, längs halbieren und mit den Schnittflächen nach oben auf dem Auflauf verteilen. Bonbons grob hacken und über den Auflauf streuen. Im heißen Ofen (Mitte) ca. 25 Min. backen. Am besten sofort warm servieren.

Für 4 Personen • 25 Min. Zubereitung • 50 Min. Backen • Pro Portion ca. 535 kcal, 13 g E, 25 g F, 88 g KH

OFEN-SCHLUPFER MIT KIRSCHEN

KLASSIKER

400 g entsteinte TK-Kirschen
1 Päckchen Vanillezucker
1 EL Speisestärke
25 g Butter
4 EL brauner Zucker
3 Rosinenbrötchen vom Vortag (ca. 200 g)
3 Eier
225 ml Milch
50 g Haselnussblättchen
Fett für die Form

GU CLOU

Aroma-Plus mit Crunch-Effekt: Das Einpinseln mit der Zucker-Butter-Mischung verhindert, dass die Brötchen durchweichen, und verleiht dem Auflauf zusätzlich eine tolle karamellige Note.

1 Den Backofen auf 175° vorheizen. Die Kirschen mit 150 ml Wasser und Vanillezucker in einem Topf aufkochen und zugedeckt ca. 5 Min. köcheln lassen, bis die Kirschen aufgetaut sind. Die Stärke mit 2 EL kaltem Wasser glatt rühren und unter die köchelnden Kirschen mischen. Erneut aufkochen und ca. 1 Minute köcheln lassen, bis die Kirschen andicken. Vom Herd nehmen.

2 Butter in einem kleinen Topf schmelzen. 2 EL Zucker dazugeben und unter Rühren darin auflösen. Vom Herd nehmen. Brötchen in ca. 1 cm breite Scheiben schneiden. Von beiden Seiten mit der süßen Butter einpinseln. Eine gefettete Auflaufform (ca. 28 × 18 cm; 2 l Inhalt) mit der Hälfte der Haselnussblättchen ausstreuen. Brötchen im Wechsel mit den Kirschen in die Auflaufform geben.

3 Eier, Milch und übrigen Zucker zu einem Guss verquirlen. Gleichmäßig über den Auflauf gießen. Auflaufform mit Alufolie verschließen. Im heißen Ofen (Mitte) ca. 50 Min. backen. Ca. 10 Min. vor Ende der Backzeit die Folie entfernen, Auflauf mit Haselnussblättchen bestreuen und zu Ende backen.

REGISTER

Vegetarische Rezepte, die im Buch mit einem 🍃 gekennzeichnet sind, sind hier grün abgesetzt.

Abkürzungsverzeichnis:
E = Eiweiß
EL = Esslöffel (gestrichen)
F = Fett
kcal = Kilokalorien
KH = Kohlenhydrate
Msp. = Messerspitze
Pck. = Päckchen
TK = Tiefkühl
TL = Teelöffel (gestrichen)
Ø = Durchmesser

Projektleitung: Monika Greiner
Lektorat: Margarethe Brunner
Korrektorat: Ulrike Wagner
Gesamtgestaltung: independent Medien-Design, München: Horst Moser (Artdirection), Lucie Heselich, Svenja Wamser
Herstellung: Petra Roth
Satz: Kösel, Krugzell
Reproduktion: medienprinzen GmbH, München
Druck und Bindung: Firmengruppe APPL, aprinta druck, Wemding
Syndication: www.seasons.agency
Printed in Germany

6. Auflage 2022
ISBN 978-3-8338-6623-4

www.facebook.com/gu.verlag

GRÄFE UND UNZER
Ein Unternehmen der GANSKE VERLAGSGRUPPE

DIE AUTORIN

Inga Pfannebecker ist Diplom-Oecotrophologin und war als Food-Redakteurin bei namhaften Zeitschriften tätig. Seit 2012 lebt sie in Amsterdam. Ihre Spezialität sind Rezepte, in denen sich guter Geschmack und Alltagstauglichkeit perfekt ergänzen.
www.inga-pfannebecker.de

DER FOTOGRAF

Wolfgang Schardt kann seine Liebe für Essen und Trinken beruflich ausleben: In seinem Studio in Hamburg fotografiert er Food, Stills und Interieur für Magazine, Verlage und Werbung. Zusammen mit **Julia Luck** (Foodstyling) und **Janet Hesse** (Foto-Assistenz) setzte er die knusprigen One-Pot-Ofengerichte wunderbar in Szene.
www.wolfgangschardt.com.

BILDNACHWEIS

Wolfgang Schardt: S. 06–59 und Stepfotos auf den Klappen
auen60 photography Julia Schneider + Ines Häberlein: S. 01, 05 und Stillleben auf den Klappen
photisserie, Kathrin Koschitzki: Coverfoto
Eef Ouwehand: Autorenfoto

Umwelthinweis:
Dieses Buch ist auf PEFC-zertifiziertem Papier aus nachhaltiger Waldwirtschaft gedruckt.

QUALITÄTS G|U GARANTIE

LIEBE LESERINNEN UND LESER,

wir wollen Ihnen mit diesem Buch Informationen und Anregungen geben, um Ihnen das Leben zu erleichtern oder Sie zu inspirieren, Neues auszuprobieren. Wir achten bei der Erstellung unserer Bücher auf Aktualität und stellen höchste Ansprüche an Inhalt und Gestaltung. Alle Anleitungen und Rezepte werden von unseren Autoren, jeweils Experten auf ihren Gebieten, gewissenhaft erstellt und von unseren Redakteur*innen mit größter Sorgfalt ausgewählt und geprüft.

Haben wir Ihre Erwartungen erfüllt? Sind Sie mit diesem Buch und seinen Inhalten zufrieden? Wir freuen uns auf Ihre Rückmeldung. Und wir freuen uns, wenn Sie diesen Titel weiterempfehlen, in Ihrem Freundeskreis oder bei Ihrem Online-Kauf.

Sollten wir Ihre Erwartungen so gar nicht erfüllt haben, tauschen wir Ihnen Ihr Buch jederzeit gegen ein gleichwertiges zum gleichen oder ähnlichen Thema um.

KONTAKT ZUM LESERSERVICE

GRÄFE UND UNZER VERLAG
Grillparzerstraße 12
81675 München
www.gu.de

APPETIT AUF MEHR?

ISBN 978-3-8338-6618-0

ISBN 978-3-8338-6874-0

ISBN 978-3-8338-6619-7

ISBN 978-3-8338-6620-3

ISBN 978-3-8338-6853-5

ISBN 978-3-8338-6627-2

Alle hier vorgestellten Bücher sind auch als eBook erhältlich.

G|U

Mehr von GU auf **www.gu.de** und **facebook.com/gu.verlag**

DIE »GU KOCHEN PLUS«-APP

1 APP HERUNTERLADEN

Laden Sie die kostenlose »GU Kochen Plus«-App im Apple App Store oder im Google Play Store auf Ihr Smartphone. Starten Sie die App und wählen Sie Ihren Küchenratgeber aus.

2 REZEPTBILD SCANNEN

Scannen Sie das gewünschte Rezeptbild mit der Kamera Ihres Smartphones. Klicken Sie im Display die Funktion Ihrer Wahl.

3 FUNKTIONEN NUTZEN

Sammeln Sie Ihre Lieblingsrezepte. Speichern und verschicken Sie Ihre Einkaufslisten. Oder nutzen Sie den praktischen Supermarkt-Finder und den Rezept-Planer.